D1150273

Omraam Mikhaël Aïvanhov

4e édition

LA MÉDITATION

302

EDITIONS PROSVETA

Le texte de cette brochure est paru
dans «Puissances de la pensée»
(N°224 de la collection Izvor).

Editions Prosveta S.A. – B.P.12 – 83601 Fréjus Cedex (France)

ISBN 2-85566-393-8

I

En général, la méditation n'est pas une habitude très fortement ancrée chez l'homme. De temps en temps, quand il a des difficultés, des problèmes à résoudre, quand il souffre, il devient pensif et réfléchi parce qu'il a besoin de trouver une solution. Mais on ne peut pas encore appeler cela méditer; c'est seulement une réaction instinctive, naturelle en face du danger ou du malheur. Oui, à ce moment-là, instinctivement l'homme, qui a besoin d'un refuge, se recueille en lui-même, et commence même à prier, à se tourner vers un Etre qu'il avait négligé parce que jusque-là tout marchait bien pour lui. Maintenant il revient vers cet Etre, il Le cherche, car il se souvient que, lorsqu'il était petit, ses parents lui avaient dit qu'Il était tout-puissant, omniscient et tout amour; alors il s'adresse à Lui pour demander aide et secours dans la plus grande humilité, avec un sentiment d'une puissance extraordinaire. Oui, mais il faut pour cela des cas exceptionnels : un danger, une guerre, une maladie, la mort.

Dans la vie courante, quand ils sont tranquilles et heureux, les gens n'ont aucune envie de prier ou de méditer, ils ne considèrent pas du tout cet exercice comme nécessaire et indispensable, ils n'en voient même pas l'utilité. Quand tout va bien, ils pensent qu'ils n'ont pas à se perdre dans les régions vagues et nébuleuses de la méditation. Mais dans le malheur, dans les grandes difficultés, quand ils s'aperçoivent que rien de ce qui est concret et matériel ne peut plus les aider, alors ils cherchent intérieurement un soutien, un secours, un abri dans les régions célestes. C'est bien, seulement ils trouveraient plus facilement ce soutien s'ils n'avaient pas attendu des occasions exceptionnelles pour recourir au Ciel, s'ils avaient appris à faire de la méditation une pratique quotidienne. Sans la méditation, il n'est pas possible de se connaître, ni de devenir maître de soi, ni de développer des qualités et des vertus. Et c'est justement parce qu'ils n'ont pas donné une place prépondérante à la méditation que les humains restent très faibles dans leur vie intérieure, dans leurs sentiments et leurs désirs.

Bien sûr, il ne faut pas se faire d'illusions, il est très difficile de méditer. Tant qu'on est engagé dans des occupations prosaïques ou plongé dans les passions, on ne peut pas méditer. Il faut chercher à se libérer intérieurement pour pouvoir projeter sa pensée jusqu'à l'Eternel. J'ai vu des gens méditer pendant des années, mais ils perdaient leur temps, ou même se détraquaient, parce qu'ils ne savaient pas, ou ne voulaient pas savoir, que pour méditer il faut remplir certaines conditions. Tant qu'on n'est pas libre intérieurement, on ne peut pas méditer. Mais combien y en a-t-il qui trafiquent, chapardent, boivent ou couchent avec n'importe qui, et après... ils «méditent»! Eh non, ce n'est pas possible car la nature de ces activités ne le permet pas : elles retiennent la pensée dans les régions inférieures.

Je sais que de plus en plus la méditation devient à la mode, mais cela ne me réjouit pas du tout, car je vois là une quantité de pauvres malheureux qui sont en train de s'embarquer dans un domaine qu'ils ne connaissent pas. Comment voulez-vous méditer si vous n'avez pas un haut idéal qui vous fas-

se sortir de vos caprices, de vos dévergonda-
ges, de vos plaisirs, de vos désirs, pour vous
conduire jusqu'au Ciel? Vous ne pouvez pas
méditer avant d'avoir vaincu certaines fai-
blesses, compris certaines vérités, et non
seulement vous ne pouvez pas, mais il est
même dangereux d'essayer.

Certains ferment les yeux ou prennent
des poses, mais intérieurement que se passe-
t-il? Où sont-ils? Dieu seul le sait. Si vous
entrez dans leur tête pour voir, ils dorment
les pauvres! C'est ça la méditation profonde... Et on va maintenant jusqu'à faire des
démonstrations publiques de méditation!
C'est ridicule. Quelle méditation peut-on
faire devant un public? Ou alors c'est possible, mais il faut être tellement avancé, tellement libéré, que partout, à n'importe quel
moment, on est capable de méditer parce
que l'esprit est sans cesse lié au monde divin.
Mais avoir cet amour pour le monde sublime sous-entend une évolution exceptionnel-
le, ce qui n'est pas le cas de ceux qui font ces
démonstrations de méditation. Si vous voulez avoir une idée de la façon dont la majorité des gens méditent, regardez le chat: le
chat médite devant le trou d'une souris, là-
bas; oui, pendant des heures il médite comment l'attraper. C'est ça pour la plupart la

méditation : ils méditent sur une souris quelque part... une souris à deux jambes !

La méditation n'est pas un exercice aussi simple qu'on l'imagine. Il faut être très avancé pour méditer et surtout avoir un amour formidable pour le monde divin. A ce moment-là, sans que vous fassiez aucun effort, votre pensée est déjà concentrée, et même malgré vous vous méditez ; votre pensée est tellement dégagée que c'est elle qui, presque indépendamment de vous, s'en va faire son travail.

Certains m'ont déjà dit : «Depuis des années, j'essaie de méditer, mais mon cerveau se bloque, je n'arrive à rien.» Pourquoi ? Parce qu'ils n'ont pas compris que chaque moment de leur vie n'existe pas isolément, mais est lié à tous les moments qui le précèdent, et que l'on appelle le passé. Ils n'ont pas compris que leur passé les alourdit, les gêne, et comme ils veulent tout de même méditer, ils forcent leur cerveau qui se bloque. Rien à faire. Ils n'ont jamais eu l'idée de se dire : «Je veux méditer, je dois donc préparer mon cerveau et mon organisme, je dois tout mettre au point pour avoir la possibilité de faire un travail». Supposez que vous vous soyez disputé avec quelqu'un. Le lendemain, quand vous voulez méditer, le vieux passé arrive aussi et vous n'arrêtez pas de penser : « Ah ! Ah ! il m'a dit ceci, il m'a dit cela... Si je le rencontre, celui-là, il va passer un mauvais quart d'heure ! » Voilà le sujet autour duquel va tourner la méditation. C'est un remue-ménage, une pagaille ! Au lieu de s'élever jusqu'aux régions divines, on remue tout ce que l'on a vécu dans le passé et ça défile, ça défile... tout un cortège de visages et d'événements viennent se présenter et on n'en sort plus. La même histoire se répète pendant des années et, évidemment, on n'a aucun résultat.

L'homme peut devenir tout-puissant, mais à condition de savoir un certain nombre de choses et, en particulier, que chaque moment de l'existence est lié à ceux qui le précèdent. C'est ce que voulait dire Jésus quand il conseillait de ne pas se préoccuper du lendemain. Oui, parce que si vous arrangez votre vie aujourd'hui, le lendemain vous trouvera libre : vous pourrez disposer de vous-même comme vous le voulez, concentrer votre pensée sur le sujet que vous désirez, parce que vous aurez tout réglé la veille. Tandis que si vous n'avez rien arrangé, le lendemain vous êtes entravé, vous devez galoper à droite et à gauche pour remédier aux lacunes ou erreurs du passé et vous n'êtes pas libre pour travailler dans le présent ni pour créer l'avenir.

Donc, lorsqu'il veut méditer, le disciple qui est éclairé se prépare à l'avance, il se purifie, il ne s'embarrasse pas de toutes sortes de préoccupations inutiles, mais il tâche d'avoir le plus grand désir de se perfectionner pour pouvoir aider les autres, être un modèle, un exemple, un fils de Dieu ; il est animé du désir sublime d'accomplir la volonté de Dieu comme Jésus nous le demande dans les Evangiles. Mais pour réaliser les prescriptions de Jésus, il ne suffit pas seulement de le souhaiter, de le désirer, il faut connaître certaines choses. Beaucoup le désirent, mais ils n'arrivent à rien parce qu'ils ne savent pas comment s'y prendre. Quelqu'un a laissé le robinet d'eau ou de gaz ouvert, ou bien il a oublié le bébé dans la baignoire, et voilà qu'au moment de méditer il s'en souvient !... Comment voulez-vous qu'il médite ?

Donc, vous devez vous préparer à l'avance, et quand vous êtes libre dans votre corps, dans vos pensées et dans vos sentiments, quand vous vous êtes enfin échappé de cette prison qu'est la vie quotidienne, vous commencez à vous élever intérieurement : vous sentez qu'il existe une nouvelle vie, vaste, large, profonde, et vous êtes tellement dilaté, tellement ravi que vous vous élancez dans une autre région... Une région qui, en réalité, est en vous-même : oui, cette vie divine coule au-dedans de vous et vous êtes enfin arrivé à vivre pour un moment la vraie vie. C'est ainsi que le monde divin commence à s'éveiller en vous et vous ne pouvez plus l'oublier ; vous avez la certitude que l'âme est une réalité, que le monde divin existe et qu'il est peuplé d'innombrables créatures. Pourquoi cette certitude ? Parce que vous avez réussi à déclencher des forces encore inconnues, des forces beaucoup plus puissantes et bénéfiques, alors qu'avant vous étiez pris dans un engrenage de forces hostiles qui vous grignotaient jusqu'à vous anéantir.

Voilà ce que depuis toujours les Initiés savent et nous enseignent. La méditation est une question psychologique, philosophique, un acte cosmique de la plus haute importance. Et une fois que le disciple a goûté la saveur de ce monde supérieur, sa conviction se renforce et il sent que ses facultés com-

mencent à lui obéir : quand il veut mettre sa
pensée en marche, elle se déclenche, quand
il veut l'arrêter, elle s'arrête, comme si les
cellules de l'organisme tout entier avaient
décidé de se soumettre. Tant qu'il n'est pas
arrivé à cette maîtrise, il lui faut des heures
et des heures pour s'apaiser car ses cellules
continuent à s'agiter, elles ne l'écoutent pas,
elles lui disent : «Si tu crois que tu me fais
peur! Je me moque de toi, je ne tremble pas,
je n'ai aucun respect pour toi parce que tu
m'as montré que tu es trop bête, trop igno-
rant», et elles n'en font qu'à leur tête. Vous
en connaissez tous quelque chose, n'est-ce-
pas? Mais il y a des jours où elles vous obéissent parce que, par hasard ou consciem-
ment, vous êtes allé plus haut, vous avez
déclenché des forces supérieures, vous avez
pris de l'autorité; et comme les cellules
reconnaissent la hiérarchie, elles obéissent à
leur patron, à leur maître.

C'est d'ailleurs ainsi que tout se passe
dans la vie. Dans les bureaux, dans les admi-
nistrations, à l'armée, chacun a tendance à
vouloir monter à l'échelon supérieur pour
devenir directeur, président, chef de cabinet,
général, parce qu'à ce moment-là, et surtout
quand il a ses petites épaulettes et ses petites

décorations, les autres lui obéissent, ils s'inclinent. Même si c'est un imbécile ou un bourreau, cela ne fait rien, on lui obéit. D'où vient ce sens de la hiérarchie? Ce ne sont pas les humains qui l'ont inventé car ils n'ont pas la possibilité d'inventer quoi que ce soit. Par intuition, par tâtonnement ou par instinct, ils ne peuvent que découvrir ce qui existe déjà à certains niveaux dans la nature. Partout dans la nature existe une hiérarchie; dans le ciel (les étoiles, les constellations), sur la terre (les rivières, les montagnes, les arbres, les animaux), et même dans l'homme, tout est hiérarchisé...

Et maintenant, puisqu'on sait très bien qu'il faut toujours monter quelques échelons de plus pour devenir le chef et s'imposer aux autres, pourquoi ne pas comprendre que, dans le domaine spirituel également, il faut monter un degré de plus pour que les habitants du dedans obéissent aussi? C'est le même principe, la même règle. Et ce que cherchent les Initiés, justement, c'est que tout, au-dedans, leur obéisse. Ils ne demandent pas de dominer les montagnes, les étoiles, les animaux ou les hommes, mais de se dominer eux-mêmes, d'être maîtres de leur corps, de leurs pensées, de leurs sentiments, et ils travaillent pour y arriver.

Tous les exercices spirituels comme la méditation permettent à l'homme d'échapper de plus en plus à ces entraves, à cette prison, à ces chaînes qui l'ont complètement assujetti au monde souterrain. Combien d'êtres ont été pris! Ils n'étaient pas éclairés, et ils se sont laissés dégringoler jusque dans un monde terrible qu'on a appelé l'Enfer. Appelez-le comme vous voulez, mais c'est un monde réel dans lequel beaucoup sont en train de se perdre pour n'avoir pas voulu se servir des moyens de salut que la Science initiatique leur enseigne. Ils se croyaient très intelligents, en réalité ce n'étaient que des orgueilleux et des obstinés, et voilà où cela les a menés.

Le seul moyen de sortir des tourments, des angoisses, c'est la méditation. Mais comme je vous l'ai déjà dit, pour pouvoir méditer il faut d'abord avoir réglé un certain nombre de choses. Quand une mère veut faire un gâteau, par exemple, si tous ses enfants sont là qui l'appellent, qui s'accrochent à elle et tirent sur son tablier, elle ne peut rien faire. Pour être tranquille, elle doit les mettre au lit et les endormir. C'est la même chose pour nous. Au-dedans, nous avons des enfants, mais alors, une marmaille, c'est formidable! Il faut donc endormir ces enfants exubérants pour pouvoir faire le travail, et ensuite, quand le travail est fait, revenir auprès d'eux leur distribuer le gâteau !

Pour méditer il faut connaître la nature du travail psychique. Par exemple on ne doit jamais exiger du cerveau de se concentrer brusquement sur un sujet, sinon on violente les cellules nerveuses, on les bloque et on a mal à la tête. La première chose à faire, c'est de se détendre et de rester pour ainsi dire passif, tout en surveillant cet apaisement de toutes les cellules. Bien sûr, sans entraîne- ment on n'y arrivera pas si vite, mais à la longue il suffira seulement de quelques secondes. Il faut donc travailler tout d'abord avec la douceur, la paix, l'amour, et surtout ne pas forcer. Voilà le secret d'une bonne méditation. Et c'est au moment où vous sen- tez que votre système nerveux est bien dis- posé, bien rechargé (car cette attitude passi- ve permet à l'organisme de reprendre des forces), que vous pouvez orienter votre pen- sée vers le sujet choisi.

Pour pouvoir faire le travail chaque jour sans fatigue, chaque jour être prêt, actif, dynamique, disponible pour réaliser de grands travaux, il faut savoir s'y prendre cor- rectement avec son cerveau. C'est très important. Si vous voulez continuer pendant de longues années vos activités spirituelles, désormais faites attention, ne vous précipitez pas d'un seul coup sur un sujet, même si vous l'aimez, même s'il vous tient à cœur, parce qu'une réaction violente se prépare. Commencez doucement, tranquillement. Plongez-vous dans l'océan de l'harmonie cosmique afin d'y puiser des forces. Et quand vous vous sentez enfin rechargé, allez-y, lancez-vous dans un travail auquel tout votre être participe. Oui, car c'est non seulement l'intellect, mais votre corps tout entier, tout le peuple de vos cellules qui doit être mobilisé pour faire le travail spirituel.

Les premiers instants, tâchez donc de ne pas penser, de jeter seulement un regard dans votre for intérieur pour constater que tout fonctionne bien. Mais occupez-vous aussi de la respiration : respirez régulièrement, ne pensez à rien, sentez simplement que vous respirez, ayez seulement la conscience, la sensation de respirer... Vous verrez comment cette respiration introduira un rythme harmonieux dans vos pensées, dans vos sentiments, dans tout votre organisme : ce sera très bénéfique.

Certains diront : «Mais moi, je ne sais pas ce qu'est la méditation, et je ne veux pas le savoir. Je ferai des sacrifices, je serai chari-

table, je ferai du bien aux autres, et ça suffit.» Non, cela ne suffit pas, car en agissant
on peut transgresser des lois, on peut tout
embrouiller et tout détruire si l'on ne commence pas par méditer. Pourquoi? Parce
que seule la méditation vous permet d'avoir
une vision claire des choses : qui aider, comment, dans quel domaine...

On peut méditer sur toutes sortes de
sujets : sur la santé, la beauté, la richesse,
l'intelligence, la puissance, la gloire... sur les
anges, les archanges et toutes les hiérarchies
célestes. Tous les sujets de méditation sont
bons, mais le meilleur, c'est de méditer sur
Dieu Lui-même, pour s'imprégner de son
amour, de sa lumière, de sa force, pour vivre
un moment dans son éternité... et de méditer
dans le but de Le servir, de se soumettre à
Lui, de s'unir à Lui. Il n'existe pas de méditation plus puissante ni plus bénéfique. Toutes les autres ont pour mobile l'intérêt, le
profit, la volonté d'utiliser les forces occultes
afin de s'enrichir ou d'asservir les autres. Les
Initiés ont compris que le plus avantageux,
c'est justement de ne pas chercher ce qui est
avantageux pour eux, mais de chercher seulement à devenir des serviteurs de Dieu.
Tout le reste est plus ou moins de la magie
noire et de la sorcellerie. Voilà pourquoi,

sans s'en rendre compte, la majorité des occultistes barbotent dans la sorcellerie. Parce qu'ils se servent de ces forces invisibles pour avoir davantage, pour dominer, pour subjuguer les femmes, et non pour servir Dieu. Vous voyez, dans la méditation il y a des degrés et des degrés...

Evidemment, il faut quand même commencer par méditer sur des sujets accessibles. L'être humain est créé de telle sorte qu'il ne peut pas vivre naturellement dans un monde abstrait. Il doit donc s'accrocher tout d'abord à ce qui est visible, tangible, proche de lui, à ce qu'il aime. C'est très facile, vous le savez, de se concentrer sur de la nourriture quand on n'a pas mangé depuis longtemps. Sans le vouloir, on est déjà comme le chat qui se concentre sur la souris. Ce n'est pas la peine de faire des efforts, ça marche tout seul. Et regardez aussi comment le garçon se concentre sur la jeune fille qu'il aime! Oui, des heures entières, des jours entiers. C'est parce qu'elle lui plaît, et là non plus il n'a pas besoin de faire des efforts. Quelle méditation! Il ne peut pas s'en arracher...

Donc, commencez par méditer sur ce que vous aimez; vous le laisserez ensuite de côté, mais commencez d'abord par ce qui

vous plaît, ce qui vous attire... bien sûr en
choisissant tout de même un sujet spirituel.
En commençant par des sujets qui vous plai-
sent, vous développez déjà en vous-même
un moyen, une méthode de travail, et vous
pourrez ensuite abandonner ces sujets pour
vous projeter vers des régions plus éloignées,
plus abstraites. Evidemment, si vous commencez par vous concentrer sur l'espace, le
temps, l'éternité... vous n'arriverez pas à
grand-chose. Vous pourrez plus tard vous
concentrer sur le vide, sur l'abîme, sur le
néant, mais commencez par des sujets plus
accessibles et allez progressivement vers ces
sujets abstraits.

Cependant, je le répète, la méditation la
plus sublime, c'est d'entrer en communion
avec Dieu, de se soumettre à Lui, de vouloir
Le servir pour ne devenir qu'un instrument
dans ses mains. Dans cette fusion, toutes les
qualités du Seigneur, sa puissance, son
amour, sa sagesse, son immensité s'engouf-
frent en vous et un jour vous devenez une
divinité. Certains diront : «Quel orgueil de
vouloir devenir une divinité!» Mais qu'ils
lisent les Evangiles! «Soyez parfaits, a dit
Jésus, comme votre Père Céleste est par-
fait.» Il n'existe pas de plus haut idéal; c'est
Jésus qui nous l'a donné, mais les chrétiens

l'ont oublié. Beaucoup croient qu'il suffit d'aller de temps en temps allumer un cierge à l'église, puis de retourner chez soi s'occuper de son petit poulailler, et ça y est, ils sont de bons chrétiens. Quel idéal formidable! Grâce à lui le Royaume de Dieu viendra bientôt, c'est sûr. Ah! pauvre chrétienté, on y observe assidûment la règle raisonnable de ne pas trop exiger de l'être humain, sinon c'est de l'orgueil, vous comprenez. Eh bien moi je dis le contraire: il faut mettre le plus haut idéal dans son cœur, dans son âme, dans son esprit. Et cet idéal, c'est de devenir un instrument absolu dans les mains de Dieu, afin que Dieu pense à travers nous, qu'Il sente à travers nous, qu'Il agisse à travers nous. Vous vous abandonnez à la volonté de la sagesse, de la lumière, vous êtes au service de la lumière, et la lumière qui sait tout vous guidera.

Mais l'homme est aussi sur la terre, et alors que doit-il faire sur cette terre? Jésus a dit... Vous voyez, je me réfère toujours à ce qu'a dit Jésus. Il a tout dit, alors pourquoi inventer quelque chose après lui? Il a dit: «Qu'il en soit sur la terre comme au Ciel.» Sur la terre comme au Ciel, cela signifie que la terre doit refléter le Ciel. Et cette terre, c'est notre terre, notre corps physique.

Donc, après avoir fait un travail pour atteindre le sommet, il faut descendre pour tout organiser dans le corps physique. L'immortalité est en haut, la lumière est en haut, l'harmonie, la paix, la beauté, tout ce qui est subtil est en haut ; et tout ce qui est en haut doit venir s'incarner en bas, dans le plan physique. Demandez de devenir serviteur de Dieu, et en même temps travaillez pour former en vous cet autre corps que l'on appelle le corps de la lumière, le corps de gloire, le corps de l'immortalité, le corps du Christ. Ce corps est aussi mentionné dans les Evangiles, seulement les chrétiens ne s'y sont pas arrêtés parce qu'ils n'approfondissent pas les Evangiles, ça ne les intéresse pas, et ils sont tout, sauf chrétiens pour de bon.

Vous direz que s'occuper de la terre n'est pas un idéal tellement extraordinaire, tandis que les hindous... Oui, les hindous, les bouddhistes, ne cherchent qu'à quitter la terre, cette terre de souffrances, de guerres, de misères... Je sais, c'est leur philosophie, mais ce n'est pas la philosophie du Christ. La philosophie du Christ, c'est de faire descendre le Ciel sur la terre, c'est-à-dire de réaliser le Royaume de Dieu et sa Justice. Jésus travaillait pour ce Royaume et il a demandé à ses disciples de travailler aussi pour ce

Royaume. C'est donc ici que nous devons travailler en commençant par notre corps physique. Voilà la véritable philosophie. Comment les autres ont compris, cela ne m'intéresse pas.

«Que ta volonté soit faite sur la terre comme au Ciel»... Mais où sont les ouvriers? Les hommes ont une autre philosophie dans leur tête, c'est pourquoi ils se réincarneront sur cette terre jusqu'à ce qu'ils arrivent à faire d'elle un jardin de Paradis. A ce moment-là, ils la quitteront pour aller sur d'autres planètes et ils laisseront la terre aux animaux qui, eux aussi, évolueront. Vous êtes étonnés, n'est-ce pas?... Les hommes ont été envoyés sur la terre comme des ouvriers sur un chantier, mais ils ne s'en soucient pas et au lieu de travailler ils s'amusent. Il ne faut pas oublier ainsi son devoir, mais penser chaque jour à transformer la terre en paradis. Ensuite le Seigneur se prononcera. Il dira: «Vous avez été de bons ouvriers dans mon champ. Alors entrez, mes ouvriers, dans le Royaume de ma joie et de ma gloire.» Dans les Evangiles, Jésus parle aussi d'ouvriers qu'on avait envoyés travailler dans un champ. Eh bien, c'est nous, ces ouvriers, justement. Et qu'avons-nous planté? Où avons-nous travaillé?...

Vous connaissez également la parabole des serviteurs et des talents. C'est la même idée. Le serviteur a été puni parce qu'il avait enterré ses talents. Ce mauvais serviteur représente ceux qui n'ont jamais fait aucun travail, qui s'amusent, qui ne pensent qu'à s'enrichir et à vivre mieux sur la terre. Cela n'a aucun rapport avec la philosophie du Christ. On nous a envoyés sur la terre pour faire un travail, et ensuite le Seigneur nous donnera tout, l'univers tout entier nous appartiendra. C'est pourquoi, quand je vois comment beaucoup de gens qui se disent spiritualistes, occultistes, mystiques, envisagent leur existence sur la terre, cela m'attriste. Ils se marient, ont des enfants, donnent des réceptions, mangent et boivent exactement comme les hommes les plus ordinaires. Et que font-ils du travail pour lequel ils ont été envoyés sur la terre? Rien. Et vous aussi, entrez en vous-mêmes et vous verrez que ce que vous faites n'a aucun rapport avec la philosophie du Christ.

Voilà, je vous ai donné, aujourd'hui, les deux meilleurs sujets de méditation : comment se consacrer entièrement au service de la Divinité, et comment réaliser, concrétiser, matérialiser sur la terre tout le Ciel qui est en haut. Le sens de la vie est contenu dans ces deux activités, et ce qui est en dehors de ces deux activités a une signification, bien sûr, mais pas une signification divine. Dieu a créé l'homme à son image, Il a créé l'homme pour qu'il devienne comme Lui. Si vous ne me croyez pas, allez le Lui demander!

Toute ma vie j'ai cherché ce qui existait de meilleur et je l'ai trouvé. Mais «trouver», cela ne signifie pas que l'on doit ensuite se croiser les mains et ne plus rien faire. C'est à ce moment-là, au contraire, qu'il faut commencer à travailler, parce que ce qu'on a trouvé, on doit le réaliser ici aussi, sur la terre, comme c'est déjà réalisé en haut. Que beaucoup de choses soient déjà réalisées dans la pensée, ce n'est pas suffisant. Il faut les réaliser aussi dans le plan physique, et c'est cela qui est long et difficile.

Evidemment, il y aurait encore beaucoup de choses à ajouter, mais cela suffit pour aujourd'hui. Il faut comprendre l'importance de la méditation et surtout que, pour obtenir des résultats, vous devez veiller sur vos pensées, vos sentiments, vos actions, c'est-à-dire sur toute votre façon de vivre. Commencez par méditer sur des sujets simples, accessibles, pour arriver peu à peu jusqu'aux sujets les plus sublimes, et un jour vous ne travaillerez plus que pour devenir un instrument dans les mains de Dieu et pour réaliser le Ciel sur la terre. Il n'existe rien de plus grandiose, de plus divin. C'est l'accomplissement de toutes les lois divines, de toute la sagesse.

N'oubliez jamais que par la méditation vous avez toutes les possibilités de donner issue à votre être intérieur, cet être mystérieux, subtil, afin qu'il puisse sortir, s'épanouir, jeter un regard dans l'espace infini pour en enregistrer toutes les merveilles et les réaliser ensuite dans le plan physique. Evidemment, la plupart du temps, ce que voit cet être en nous, ce qu'il contemple, n'arrive pas jusqu'à notre conscience, mais en répétant souvent ces exercices, peu à peu les découvertes qu'il fait deviendront conscientes, et voilà un trésor qui s'installera en nous et demeurera en notre possession.

Il faut prendre goût à la méditation, il faut qu'elle entre dans la pensée, dans le cœur, dans la volonté, comme un besoin, comme un plaisir sans lequel la vie n'a plus ni saveur, ni sens. Vous devez l'attendre avec impatience, ce moment où vous allez enfin vous plonger dans l'éternité et boire l'élixir de la vie immortelle. Je ne vois pas encore cette joie et cette impatience en vous.

Il faut être comme l'ivrogne qui ne pense qu'au vin, et au moment de méditer se dire : «Enfin, mon âme, mon esprit, mon cœur vont pouvoir embrasser l'univers au moins pour quelques instants et se trouver face à face avec l'immensité.»

II

A chaque être vivant qu'Il a créé, le Seigneur a donné la possibilité de trouver la nourriture qui lui convient. Regardez seulement les animaux, il en existe d'innombrables espèces : insectes, oiseaux, poissons, mammifères... et pour chacune la nature a préparé une nourriture différente, particulièrement adaptée. Comment se ferait-il que seuls les humains ne trouvent pas ce dont ils ont besoin? Pour la nourriture physique, bien sûr, chacun sait où la trouver et comment la trouver. Mais pour la nourriture psychique, spirituelle, on ne sait pas. Et pourtant, là aussi, tout est distribué partout dans l'univers. Il faut seulement connaître dans quelle région se trouve ce que l'on cherche.

Si vous allez vous aventurer dans une région marécageuse infestée de moustiques,

de guêpes et de serpents, évidemment c'est
eux que vous rencontrerez. Mais pour rencontrer des aigles, vous devrez aller dans la
montagne. Vous avez besoin de contempler
la beauté, or vous vivez dans une mansarde :
vous devez sortir et aller vous promener
dans la forêt, dans un jardin ou au bord de la
mer. Si vous voulez vous instruire, vous
devez aller dans les universités ou dans les
bibliothèques. Pour chaque besoin, il faut
trouver la région correspondante. C'est vrai
dans le plan matériel, et c'est vrai aussi dans
le plan spirituel. C'est pourquoi les disciples
d'une Ecole initiatique consacrent chaque
jour un certain temps à des travaux de méditation pour visiter les régions du monde
invisible, car ils savent qu'ils trouveront là
tout ce dont ils ont besoin pour leur équili-
bre, leur élévation, leur avancement spirituel.

Vous direz : «Mais comment trouver ces
régions ? Qui peut nous les indiquer ? Pour le
plan physique, au moins, il y a des livres de
géographie avec des cartes et toutes sortes de
renseignements, il y a des atlas, des encyclo-
pédies... Mais dans le monde invisible, comment s'orienter ?» Ah, voilà justement ce
que vous ne savez pas : dans le domaine psychique, il se produit un phénomène analo-

gue à celui qui permet à un radiesthésiste de
retrouver par exemple une personne grâce à
un «témoin» (une mèche de cheveux ou un
vêtement ayant appartenu à la personne). La
radiesthésie est basée sur la loi d'affinité. Ici,
ce qui sert de témoin, c'est votre pensée qui,
par affinité, va rencontrer dans l'espace les
éléments qui lui correspondent. Le plan spirituel est organisé de telle sorte que le seul
fait de penser à telle personne, à telle région
ou à tel élément permet de toucher directe-
ment cette personne, cet élément, quel que
soit l'endroit où ils se trouvent. Il n'est donc
pas nécessaire de connaître exactement
l'endroit, comme dans le plan physique où
l'on a besoin de cartes et d'indications préci-
ses.

Dans le plan spirituel, dans le plan divin,
il n'est pas nécessaire de faire des recherches,
il suffit de concentrer fortement votre pensée
pour qu'elle vous conduise exactement où
vous voulez. Vous pensez à la santé, vous
êtes déjà dans la région de la santé... Vous
pensez à l'amour, vous êtes dans la région de
l'amour... Vous pensez à la musique, vous
êtes dans la région de la musique. Et même,
si vous êtes sensible, si vous avez un don,
vous captez des échos de cette musique
céleste. Car ne croyez pas que les grands

compositeurs «inventaient» la musique qu'ils composaient. Non, ils transcrivaient celle qu'ils entendaient en haut, et même souvent ils ne pouvaient pas transcrire ce qu'ils avaient entendu, car il n'existe pas sur la terre de sons ou d'accords capables de reproduire vraiment la musique des régions sublimes. Et la même difficulté existe pour les peintres, pour les poètes, pour tous les artistes, car l'homme n'est pas encore préparé à capter et à transmettre la beauté du monde divin. Il n'est pas prêt, mais il peut y parvenir s'il entreprend un véritable travail spirituel pour remplacer toutes les particules en lui qui sont vieilles, ternes, usées, par des particules célestes, pures, lumineuses.

Vous direz : «Mais comment et où trouver ces particules ?» Comme je viens de vous l'expliquer, c'est la pensée elle-même qui se charge de les trouver. Du moment que vous pensez à ces nouvelles particules, que vous les imaginez dans toute leur subtilité, leur pureté, leur luminosité, vous les attirez, et les autres sont effectivement chassées et remplacées. Bien sûr, pas tout de suite, cela dépend de l'intensité de votre amour, de votre foi, de votre travail, mais un jour toutes ces particules qui ne vibraient pas en harmonie avec les régions célestes sont remplacées et vous arrivez à capter, à saisir les réalités les plus subtiles et les plus sublimes de l'univers.

Depuis que la science a découvert que le cosmos est traversé d'ondes qui nous apportent des messages sonores, elle tâche de mettre au point des appareils de plus en plus sensibles pour les capter. Ce qu'elle ne sait pas, c'est que ces appareils existent depuis toujours dans l'être humain. Car le Créateur, qui a préparé l'homme pour un avenir d'une richesse indescriptible, a placé en lui des appareils, des antennes capables de saisir et de transmettre toute l'intelligence et la splendeur de sa création. Si pour le moment l'homme n'y arrive pas, c'est qu'il n'a fait aucun travail dans ce sens, il ne s'exerce pas, il n'est même pas instruit de toutes ces possibilités. Mais ces possibilités existent, tous les appareils sont là, ils attendent le moment d'être déclenchés. Ces appareils, ce sont les chakras, et aussi certains centres du système nerveux, du cerveau, du plexus solaire. Mais pour le moment tous ces appareils tellement perfectionnés sont en sommeil : l'homme est incapable de capter les messages qui arrivent de tous les points de l'univers depuis les constellations les plus lointaines. D'ailleurs, dans une certaine mesure c'est préférable,

car ces messages sont en si grand nombre
que, dans l'état actuel des choses, celui à qui
il arriverait de les recevoir deviendrait fou
ou mourrait foudroyé. Ce ne sera plus dangereux lorsque l'homme se sera suffisam-
ment renforcé intérieurement pour pouvoir
résister.

Prenons une image. Vous avez vu comment la courge se développe? Elle est
d'abord suspendue par une toute petite tige
qui peut facilement se casser. Mais au fur et
à mesure que la courge grossit, la petite tige
se renforce au point de résister à un poids de
plusieurs kilos. Le même phénomène se produit avec l'être humain. Au fur et à mesure
que, dans ses méditations, il arrive à saisir
ces courants cosmiques, quelque chose en
lui travaille pour lui permettre de résister à
toutes les tensions. Mais il faut que cela se
fasse progressivement. Certains, qui veulent
tout apprendre à la fois, développer toutes
leurs facultés d'un seul coup, se préparent
des déséquilibres très graves. Un médecin
avait ordonné un médicament à un malade :
il devait prendre dix gouttes par jour de ce
médicament pendant un mois. «Un mois, se
dit le malade, mais c'est trop long!» Il
absorbe tout le contenu du flacon le même
jour... et il meurt. Eh non, il faut s'y prendre

patiemment, régulièrement, à ce moment-là l'organisme arrive à se renforcer et devient de plus en plus capable de résister aux tensions.

Voilà donc l'essentiel de ce que vous devez savoir : vous avez les possibilités de capter par la méditation tous les éléments de l'univers dont vous avez besoin. C'est la pensée qui, par la loi d'affinité, se charge d'aller trouver ces éléments. C'est d'ailleurs exactement la même chose qu'avec les êtres humains : quand vous pensez à une personne, même si elle est au bout du monde, parmi les quelques milliards d'individus qui sont sur la terre, votre pensée ira exactement vers cette personne à laquelle vous pensez, et non vers une autre. C'est comme si votre pensée était aimantée pour pouvoir aller toucher précisément cette personne.

Donc, désormais, quand vous voulez obtenir un élément de l'univers ou toucher une entité, pensez à cet élément ou à cette entité, sans vous préoccuper du lieu où ils se trouvent : votre pensée arrivera exactement à eux. Comme ces chiens auxquels on donne à flairer un vêtement ou un mouchoir appartenant à une personne. Cet objet étant imprégné des émanations de cette personne, le chien est capable de la découvrir des kilo-

mètres plus loin... Une odeur, c'est tellement subtil, mais le chien se dirige infailli-
blement parmi des centaines de personnes
pour ne s'arrêter qu'à celle qu'il doit trouver. C'est exactement ce que fait la pensée
qui va trouver à travers l'espace non seulement les éléments, mais les êtres visibles ou
invisibles qui peuvent vous renforcer, vous
éclairer ou vous secourir.

Du même auteur :

Brochures :

nouvelle présentation

Editeur-Distributeur
Editions PROSVETA S.A. – B.P. 12 – 83601 Fréjus Cedex (France)

Distributeurs

ALLEMAGNE
EDIS GmbH
Daimlerstr.5
D - 8029 Sauerlach

AUTRICHE
MANDALA
Verlagsauslieferung für Esoterik
A-6094 Axams, Innsbruckstraße 7

BELGIQUE
PROSVETA BENELUX
Van Putlei 105 B-2548 Lint
N.V. MAKLU Somersstraat 13-15
B-2000 Antwerpen
VANDER S.A.
Av. des Volontaires 321
B-1150 Bruxelles

BRÉSIL
NOBEL SA
Rua da Balsa, 559
CEP 02910 - São Paulo, SP

CANADA
PROSVETA Inc.
1565 Montée Masson
Duvernay est, Laval, Que. H7E 4P2

CHYPRE
THE SOLAR CIVILISATION BOOKSHOP
PO. Box 4947
Nicosie

ESPAGNE
ASOCIACIÓN PROSVETA ESPAÑOLA
C/ Ausias March n° 23 Ático
SP-08010 Barcelona

ETATS-UNIS
PROSVETA U.S.A.
P.O. Box 49614
Los Angeles, California 90049

GRANDE-BRETAGNE
PROSVETA
The Doves Nest
Duddleswell Uckfield,
East Sussex TN 22 3JJ

GRÈCE
PROFIM MARKETING Ltd
Ifitou 13
17563 P. Faliro
Athènes

HONG KONG
HELIOS – J. Ryan
P.O. BOX 8503
General Post Office, Hong Kong

IRLANDE
PROSVETA IRL.
84 Irishtown – Clonmel

ITALIE
PROSVETA Coop. a r.l.
Cas. post. 13046 – 20130 Milano

LUXEMBOURG
PROSVETA BENELUX
Van Putlei 105 B-2548 Lint

MÉXIQUE
COLOFON S.A.
Pitagora 1143
Colonia del Valle
03 100 Mexico, D.F.

NORVÈGE
PROSVETA NORDEN
Postboks 5101
1501 Moss

PAYS-BAS
STICHTING
PROSVETA NEDERLAND
Zeestraat 50
2042 LC Zandvoort

PORTUGAL
PUBLICAÇÕES
EUROPA-AMERICA Ltd
Est Lisboa-Sintra KM 14
2726 Mem Martins Codex

SUISSE
PROSVETA
Société Coopérative
CH - 1808 Les Monts-de-Corsier

VENEZUELA
J.P.Leroy
Apartado 51 745
Sabana Grande
1050 A Caracas

ACHEVÉ D'IMPRIMER LE 29 AOÛT 1991
SUR LES PRESSES DE L'IMPRIMERIE
PROSVETA, Z.I. DU CAPITOU
B.P. 12 – 83601 FRÉJUS

– N° d'impression : 1942 –
Dépôt légal : Août 1991
Imprimé en France